LATIN BIBLE
READER

This book is set in Garamond. Designed by Mary Barrows

ISBN:
978-1-941927-63-2 - Paperback

Front Cover Illustration – Brain Fleetman – High School Art Teacher

LATIN BIBLE
READER

By Dr. Randy Hilton

Illustrations by Dayspring Christian Academy Students

Published by J2B Publishing

Latin Bible Reader:

Illustration by Sarah Fornwalt

Creation Story

Genesis 1

1.1 in principio creavit Deus caelum et terram

1.2 terra autem erat inanis et vacua et tenebrae super faciem abyssi et spiritus Dei ferebatur super aquas

1.3 dixitque Deus fiat lux et facta est lux

1.4 et vidit Deus lucem quod esset bona et divisit lucem ac tenebras

1.5 appellavitque lucem diem et tenebras noctem factumque est vespere et mane dies unus

1.6 dixit quoque Deus fiat firmamentum in medio aquarum et dividat aquas ab aquis

1.7 et fecit Deus firmamentum divisitque aquas quae erant sub firmamento ab his quae erant super firmamentum et factum est ita

1.8 vocavitque Deus firmamentum caelum et factum est vespere et mane dies secundus

1.9 dixit vero Deus congregentur aquae quae sub caelo sunt in locum unum et appareat arida factumque est ita

1.10 et vocavit Deus aridam terram congregationesque aquarum appellavit maria et vidit Deus quod esset bonum

1.11 et ait germinet terra herbam virentem et facientem semen et lignum pomiferum faciens fructum iuxta genus suum cuius semen in semet ipso sit super terram et factum est ita

1.12 et protulit terra herbam virentem et adferentem semen iuxta genus suum lignumque faciens fructum et habens unumquodque

sementem secundum speciem suam et vidit Deus quod esset bonum

1.13 Factumque est vespere et mane dies tertius

1.14 dixit autem Deus fiant luminaria in firmamento caeli ut dividant diem ac noctem et sint in signa et tempora et dies et annos

1.15 ut luceant in firmamento caeli et inluminent terram et factum est ita

1.16 fecitque Deus duo magna luminaria luminare maius ut praeesset diei et luminare minus ut praeesset nocti et stellas

1.17 et posuit eas in firmamento caeli ut lucerent super terram

1.18 et praeessent diei ac nocti et dividerent lucem ac tenebras et vidit Deus quod esset bonum

1.19 et factum est vespere et mane dies quartus

1.20 dixit etiam Deus producant aquae reptile animae viventis et volatile super terram sub firmamento caeli

1.21 creavitque Deus cete grandia et omnem animam viventem atque motabilem quam produxerant aquae in species suas et omne volatile secundum genus suum et vidit Deus quod esset bonum

1.22 benedixitque eis dicens crescite et multiplicamini et replete aquas maris avesque multiplicentur super terram

1.23 et factum est vespere et mane dies quintus

1.24 dixit quoque Deus producat terra animam viventem in genere suo iumenta et reptilia et bestias terrae secundum species suas factumque est ita

1.25 et fecit Deus bestias terrae iuxta species suas et iumenta et omne reptile terrae in genere suo et vidit Deus quod esset bonum

1.26 et ait faciamus hominem ad imaginem et similitudinem nostram et praesit piscibus maris et volatilibus caeli et bestiis universaeque terrae omnique reptili quod movetur in terra

1.27 et creavit Deus hominem ad imaginem suam ad imaginem Dei creavit illum masculum et feminam creavit eos

1.28 benedixitque illis Deus et ait crescite et multiplicamini et replete terram et subicite eam et dominamini piscibus maris et volatilibus caeli et universis animantibus quae moventur super terram

1.29 dixitque Deus ecce dedi vobis omnem herbam adferentem semen super terram et universa ligna quae habent in semet ipsis sementem generis sui ut sint vobis in escam

1.30 et cunctis animantibus terrae omnique volucri caeli et universis quae moventur in terra et in quibus est anima vivens ut habeant ad vescendum et factum est ita

1.31 viditque Deus cuncta quae fecit et erant valde bona et factum est vespere et mane dies sextus

Chapter One Vocabulary

1. - - Deus - *God*
2. - - caelus - *heaven*
3. - - terra - *earth*
4. - - videre - *to see*
5. - - bonus - *good*
6. - - creavit - *to create*
7. - - principio - *beginning*
8. - - vacua - *empty, void, unoccupied, vacant, free, clear*
9. - - tenebrae - *darkness, gloom*
10. - - aqua - *water*
11. - - dicere - *to say*
12. - - noctem - *night*
13. - - vespere - *evening*
14. - - mane - *morning*
15. - - medium - *middle*
16. - - firmament - *firmament*
17. - - vocare - *to call*
18. - - locus - *place, location*
19. - - herbam - *herb*
20. - - fructum - *fruit*
21. - - annus - *year*
22. - - magnus - *great*
23. - - stellas - *stars*
24. - - reptile - *reptile*
25. - - omnis - *all*
26. - - similitude - *likeness, resemblance, similitude*

27. - - divido - *to divide, force asunder, part*

28. - - lux, lucet - *light*

29. - - parvus - *little, small, petty, puny, inconsiderable*

30. - - abyssus - *a bottomless pit*

31. - - hominem, *vir- man*

32. - - imaginem - *image*

33. - - genus - *a race, stock, family, birth, descent, origin*

34. - - mare - *the sea*

35. - - vivo - *to live, be alive, have life*

36. - - habeo - *to have, hold, support, carry, wear*

37. - - dies - *a day, civil day*

38. - - autem - *however*

39. - - fiat - *to allow, let*

40. - - sub - *under*

Illustration by Whitney Lohr

Abraham and Isaac

Genesis 22:1-18

22.1 quae postquam gesta sunt temptavit Deus Abraham et dixit ad eum Abraham ille respondit adsum

22.2 ait ei tolle filium tuum unigenitum quem diligis Isaac et vade in terram Visionis atque offer eum ibi holocaustum super unum montium quem monstravero tibi

22.3 igitur Abraham de nocte consurgens stravit asinum suum ducens secum duos iuvenes et Isaac filium suum cumque concidisset ligna in holocaustum abiit ad locum quem praeceperat ei Deus

22.4 die autem tertio elevatis oculis vidit locum procul

22.5 dixitque ad pueros suos expectate hic cum asino ego et puer illuc usque properantes postquam adoraverimus revertemur ad vos

22.6 tulit quoque ligna holocausti et inposuit super Isaac filium suum ipse vero portabat in manibus ignem et gladium cumque duo pergerent simul

22.7 dixit Isaac patri suo pater mi at ille respondit quid vis fili ecce inquit ignis et ligna ubi est victima holocausti

22.8 dixit Abraham Deus providebit sibi victimam holocausti fili mi pergebant ergo partier

22.9 veneruntque ad locum quem ostenderat ei Deus in quo aedificavit altare et desuper ligna conposuit cumque conligasset Isaac filium suum posuit eum in altari super struem lignorum

22.10 extenditque manum et arripuit gladium ut immolaret filium

22.11 et ecce angelus Domini de caelo clamavit dicens Abraham Abraham qui respondit adsum

22.12 dixitque ei non extendas manum tuam super puerum neque facias illi quicquam nunc cognovi quod timeas Dominum et non peperceris filio tuo unigenito propter me

22.13 levavit Abraham oculos viditque post tergum arietem inter vepres herentem cornibus quem adsumens obtulit holocaustum pro filio

22.14 appellavitque nomen loci illius Dominus videt unde usque hodie dicitur in monte Dominus videbit

22.15 vocavit autem angelus Domini Abraham secundo de caelo dicens

22.16 per memet ipsum iuravi dicit Dominus quia fecisti rem hanc et non pepercisti filio tuo unigenito

22.17 benedicam tibi et multiplicabo semen tuum sicut stellas caeli et velut harenam quae est in litore maris possidebit semen tuum portas inimicorum suorum

22.18 et benedicentur in semine tuo omnes gentes terrae quia oboedisti voci meae

Chapter Two Vocabulary

1. - - gesta - *that which is carried*
2. - - tolle - *to take up*
3. - - vade - *to go, hasten, rush*
4. - - holocaustum - *a whole burnt - offering*
5. - - monstravero - *to point out, exhibit, make known, indicate*
6. - - consurgens - *to rise up together, rise up, stand up*
7. - - stravit - *to spread out, spread abroad, stretch out, extend, strew*
8. - - iuvenes - *young, youthful*
9. - - concidisset - *to cut up, cut through, cut to pieces, ruin, destroy*
10. - - elevatis - *to lift up, raise*
11. - - properantes - *to make haste, hasten, be quick, be in haste*
12. - - adoraverimus - *to call upon, entreat, supplicate, implore*
13. - - tulit - *to bear, carry, support, life, hold, take up*
14. - - inposuit - *to put down, set down, put, place, set, fix, lay, deposit*
15. - - vero - *true, real, actual, genuine*
16. - - portabat - *to bear, carry, convey, take*
17. - - pergerent - *to go on, proceed, press on, hasten, continue, go*
18. - - vis - *to will, wish, want, purpose, be minded, determine*
19. - - inquit - *to say*
20. - - victimam - *a beast for sacrifice, sacrifice, victim*
21. - - providebit - *to see in advance, discern, descry*
22. - - venerunt - *to come*
23. - - ostenderat - *to stretch out, spread before, expose to view, show*
24. - - altare - *to make high*
25. - - conligasset - *to tie, bind, bind together, bind up, bandage*
26. - - extendit - *to stretch out, spread out, extend*
27. - - immolaret - *to sprinkle with sacrificial meal; hence, immolate*

28. - - temptanit - *tested*

29. - - timeas - *to fear, be afraid, be fearful, be apprehensive, be afraid*

30. - - peperceris - *to act sparingly, be sparing, spare, refrain from*

31. - - levavit - *to make smooth, polish (to lift up, raise, elevate)*

32. - - arietem - *a ram*

33. - - vepres - *a thorn-bush, brier-bush, bramblebush*

34. - - obtulit - *to bring before, present, offer, show, exhibit*

35. - - appellavit - *to address, speak to, apply to, accost*

36. - - iuravi - *to swear falsely*

37. - - fecisti - (facio) - *to make, construct, fashion, frame, build, erect*

38. - - litore - *to labor in vain, take useless pains*

39. - - possidebit - *to have and hold, be master of, own, possess*

40. - - oboedisti - *to give ear, hearken, listen*

Illustration by Esther Prestidge

Joseph reunites with his brothers
Genesis 45:1-19

45.1 non se poterat ultra cohibere Ioseph multis coram adstantibus unde praecepit ut egrederentur cuncti foras et nullus interesset alienus agnitioni mutuae

45.2 elevavitque vocem cum fletu quam audierunt Aegyptii omnisque domus Pharaonis

45.3 et dixit fratribus suis ego sum Ioseph adhuc pater meus vivit nec poterant respondere fratres nimio timore perterriti

45.4 ad quos ille clementer accedite inquit ad me et cum accessissent prope ego sum ait Ioseph frater vester quem vendidistis in Aegypto

45.5 nolite pavere nec vobis durum esse videatur quod vendidistis me in his regionibus pro salute enim vestra misit me Deus ante vos in Aegyptum

45.6 biennium est quod fames esse coepit in terra et adhuc quinque anni restant quibus nec arari poterit nec meti

45.7 praemisitque me Deus ut reservemini super terram et escas ad vivendum habere possitis

45.8 non vestro consilio sed Dei huc voluntate missus sum qui fecit me quasi patrem Pharaonis et dominum universae domus eius ac principem in omni terra Aegypti

45.9 festinate et ascendite ad patrem meum et dicetis ei haec mandat
filius tuus Ioseph Deus me fecit dominum universae terrae Aegypti
descende ad me ne moreris

45.10 et habita in terra Gessen erisque iuxta me tu et filii tui et filii
filiorum tuorum oves tuae et armenta tua et universa quae possides

45.11 ibique te pascam adhuc enim quinque anni residui sunt famis ne
et tu pereas et domus tua et omnia quae possides

45.12 en oculi vestri et oculi fratris mei Beniamin vident quod os meum
loquatur ad vos

45.13 nuntiate patri meo universam gloriam meam et cuncta quae
vidistis in Aegypto festinate et adducite eum ad me

45.14 cumque amplexatus recidisset in collum Beniamin fratris sui flevit
illo quoque flente similiter super collum eius

45.15 osculatusque est Ioseph omnes fratres suos et ploravit super
singulos post quae ausi sunt loqui ad eum

Chapter Three Vocabulary

1. - - cohibere - *to hold together, hold, contain*
2. - - poterat - *to be able, have power, can*
3. - - adstantibus - *to stand at, take place near*
4. - - praecepit - *to take beforehand, get in advance*
5. - - cuncti - *all in a body, all together, the whole*
6. - - foras - *out through the doors, out of doors, out*
7. - - egrederentur - *to go out, come forth, march out, go away*
8. - - interesset - *to be between, lie between*
9. - - agnitioni - *a knowing, knowledge*
10. - - fletu - *a weeping, wailing, lamenting*
11. - - nimio - *by far, excessively*
12. - - timore - *fear, dread, apprehension*
13. - - perterriti - *to frighten thoroughly, terrify*
14. - - accedite - *to go to, come to, come near*
15. - - nolite - *to wish…not, will…not*
16. - - pavere - *to be struck in fear, be in terror*
17. - - nec - *and not, yet*
18. - - durum - *hard (to the touch)*
19. - - biennium - *two years*
20. - - restant - *to withstand, resist, oppose*
21. - - arari - *to plough, till*
22. - - meti - *to measure, mete*
23. - - praemisit - *to send forward, dispatch in advance*
24. - - escas - *a dish*
25. - - descende - *to climb down, come down*
26. - - moreris - *to die, expire*

27. - - pascam - *to cause to eat, feed, supply with food*

28. - - residui - *left behind, remaining*

29. - - famis - *hunger*

30. - - pereas - *to pass away, come to nothing, vanish*

31. - - loquatur - *to speak, talk, say, tell*

32. - - nuntiate - *to announce, declare, report*

33. - - cuncta - *to delay, hesitate*

34. - - adducite - *to lead to, bring to*

35. - - amplexatus - *to embrace*

36. - - recidisset - *to cut away, cut down, cut off*

37. - - flevit - *to weep, cry, shed tears, lament*

38. - - ausi - *a bold deed, reckless act*

39. - - sermo - *continued speech, talk, conversation, discourse*

40. - - dormit - *to sleep*

Illustration by Anika Stoltzfus

Moses' calling

Exodus 3

3.1 Moses autem pascebat oves Iethro cognati sui sacerdotis Madian cumque minasset gregem ad interiora deserti venit ad montem Dei Horeb

3.2 apparuitque ei Dominus in flamma ignis de medio rubi et videbat quod rubus arderet et non conbureretur

3.3 dixit ergo Moses vadam et videbo visionem hanc magnam quare non conburatur rubus

3.4 cernens autem Dominus quod pergeret ad videndum vocavit eum de medio rubi et ait Moses Moses qui respondit adsum

3.5 at ille ne adpropies inquit huc solve calciamentum de pedibus tuis locus enim in quo stas terra sancta est

3.6 et ait ego sum Deus patris tui Deus Abraham Deus Isaac Deus Iacob abscondit Moses faciem suam non enim audebat aspicere contra Deum

3.7 cui ait Dominus vidi adflictionem populi mei in Aegypto et clamorem eius audivi propter duritiam eorum qui praesunt operibus

3.8 et sciens dolorem eius descendi ut liberarem eum de manibus Aegyptiorum et educerem de terra illa in terram bonam et spatiosam in terram quae fluit lacte et melle ad loca Chananei et Hetthei et Amorrei Ferezei et Evei et Iebusei

3.9 clamor ergo filiorum Israhel venit ad me vidique adflictionem eorum qua ab Aegyptiis opprimuntur

3.10 sed veni mittam te ad Pharaonem ut educas populum meum filios Israhel de Aegypto

3.11 dixit Moses ad Deum quis ego sum ut vadam ad Pharaonem et educam filios Israhel de Aegypto

3.12 qui dixit ei ero tecum et hoc habebis signum quod miserim te cum eduxeris populum de Aegypto immolabis Deo super montem istum

3.13 ait Moses ad Deum ecce ego vadam ad filios Israhel et dicam eis Deus patrum vestrorum misit me ad vos si dixerint mihi quod est nomen

eius quid dicam eis dixit Deus ad Mosen ego sum qui sum ait sic dices filiis Israhel qui est misit me ad vos

3.14 dixitque iterum Deus ad Mosen haec dices filiis Israhel Dominus Deus patrum vestrorum Deus Abraham Deus Isaac et Deus Iacob misit me ad vos hoc nomen mihi est in aeternum et hoc memoriale meum in generationem et generatione

3.15 vade congrega seniores Israhel et dices ad eos Dominus Deus patrum vestrorum apparuit mihi Deus Abraham et Deus Isaac et Deus Iacob dicens visitans visitavi vos et omnia quae acciderunt vobis in Aegypto

3.16 et dixi ut educam vos de adflictione Aegypti in terram Chananei et Hetthei et Amorrei Ferezei et Evei et Iebusei ad terram fluentem lacte et melle

3.17 et audient vocem tuam ingredierisque tu et seniores Israhel ad regem Aegypti et dices ad eum Dominus Deus Hebraeorum vocavit nos ibimus viam trium dierum per solitudinem ut immolemus Domino Deo nostro

3.18 sed ego scio quod non dimittet vos rex Aegypti ut eatis nisi per manum validam

3.19 extendam enim manum meam et percutiam Aegyptum in cunctis mirabilibus meis quae facturus sum in medio eorum post haec dimittet vos

3.20 daboque gratiam populo huic coram Aegyptiis et cum egrediemini non exibitis vacui

3.21 sed postulabit mulier a vicina sua et ab hospita vasa argentea et aurea ac vestes ponetisque eas super filios et filias vestras et spoliabitis Aegyptum vestes ponetisque eas super filios et filias vestras et spoliabitis Aegyptum

Chapter Four Vocabulary

1. - - minasset - *to drive*
2. - - pascebat - *to cause to eat, feed, supply with food*
3. - - cognati - *sprung from the same stock, related by blood*
4. - - gregem - *to collect into a flock*
5. - - interiora - *inner, interior, middle*
6. - - montem - *a mountain, mount, range of mountains*
7. - - apparuit - *that this only is apparent*
8. - - flamma - *a blazing fire, blaze, flame*
9. - - rubi - *bramble-bush, blackberry bush*
10. - - arderet - *to be on fire, burn, blaze*
11. - - vadam - *a stronghold in*
12. - - cernens - *to separate, part, sift*
13. - - pergeret - *to go on, proceed, press on, hasten, continue*
14. - - adpropies - *to draw near to*
15. - - inquit - *to say*
16. - - calciamentum - *a shoe*
17. - - pedibus - *a foot*
18. - - stas - *to stand, stand still, remain standing, be upright, be erect*
19. - - abscondit - *to put out of sight, hide, conceal*
20. - - adflictionem - *pain*
21. - - aspicere - *to look at, look upon, behold, look*
22. - - sancta - *to make sacred, render inviolable, fix unalterably*
23. - - sciens - *to know, understand, perceive, have knowledge of*
24. - - praesunt - *to be before, be set over, preside over, rule*
25. - - educerem - *to go out*
26. - - operibus - *work, labor, toll*

27. - - spatiosam - *roomy, of great extent, ample, spacious, extensive*

28. - - fluit - *to flow, stream*

29. - - melle - *honey*

30. - - seniores - *old, aged, advanced in years*

31. - - ibimus - *to go, walk, ride, sail, fly, move, pass*

32. - - immolemus - *to sprinkle with sacrificial meal; to sacrifice*

33. - - nisi - *if not, unless*

34. - - percutiam - *to strike through and through, thrust through*

35. - - dabo - *to hand over, deliver, give up, render, furnish, pay*

36. - - mulier - *a woman, female*

37. - - vicina - *of the neighborhood, near, neighboring, in the vicinity*

38. - - spoliabitis - *to strip, uncover, bare, unclothe*

39. - - circuitu - *a going round, circling, revolving, revolution*

40. - - lapides - *a stone*

Illustration by Savanna Smucker

Elijah on Mount Carmel

I Kings 18:16-38

18.16 abiit ergo Abdias in occursum Ahab et indicavit ei venitque Ahab in occursum Heliae

18.17 et cum vidisset eum ait tune es ille qui conturbas Israhel

18.18 et ille ait non turbavi Israhel sed tu et domus patris tui qui dereliquistis mandata Domini et secuti estis Baalim

18.19 verumtamen nunc mitte et congrega ad me universum Israhel in monte Carmeli et prophetas Baal quadringentos quinquaginta prophetasque lucorum quadringentos qui comedunt de mensa Hiezabel

18.20 misit Ahab ad omnes filios Israhel et congregavit prophetas in monte Carmeli

18.21 accedens autem Helias ad omnem populum ait usquequo claudicatis in duas partes si Dominus est Deus sequimini eum si autem Baal sequimini illum et non respondit ei populus verbum

18.22 et ait rursum Helias ad populum ego remansi propheta Domini solus prophetae autem Baal quadringenti et quinquaginta viri sunt

18.23 dentur nobis duo boves et illi eligant bovem unum et in frusta caedentes ponant super ligna ignem autem non subponant et ego faciam bovem alterum et inponam super ligna ignemque non subponam

18.24 invocate nomina deorum vestrorum et ego invocabo nomen Domini et deus qui exaudierit per ignem ipse sit Deus respondens omnis populus ait optima proposition

18.25 dixit ergo Helias prophetis Baal eligite vobis bovem unum et facite primi quia vos plures estis et invocate nomina deorum vestrorum ignemque non subponatis

18.26 qui cum tulissent bovem quem dederat eis fecerunt et invocabant nomen Baal de mane usque ad meridiem dicentes Baal exaudi nos et non erat vox nec qui responderet transiliebantque altare quod fecerant

18.27 cumque esset iam meridies inludebat eis Helias dicens clamate voce maiore deus enim est et forsitan loquitur aut in diversorio est aut in itinere aut certe dormit ut excitetur

18.28 clamabant ergo voce magna et incidebant se iuxta ritum suum cultris et lanceolis donec perfunderentur sanguine

18.29 postquam autem transiit meridies et illis prophetantibus venerat tempus quo sacrificium offerri solet nec audiebatur vox neque aliquis respondebat nec adtendebat orantes

18.29 dixit Helias omni populo venite ad me et accedente ad se populo curavit altare Domini quod destructum fuerat

18.30 et tulit duodecim lapides iuxta numerum tribuum filiorum Iacob ad quem factus est sermo Domini dicens Israhel erit nomen tuum

18.31 et aedificavit lapidibus altare in nomine Domini fecitque aquaeductum quasi per duas aratiunculas in circuitu altaris

18.32 et conposuit ligna divisitque per membra bovem et posuit super ligna

18.33 et ait implete quattuor hydrias aqua et fundite super holocaustum et super ligna rursumque dixit etiam secundo hoc facite qui cum fecissent et secundo ait etiam tertio id ipsum facite feceruntque et tertio

18.34 et currebant aquae circa altare et fossa aquaeductus repleta est

18.35 cumque iam tempus esset ut offerretur holocaustum accedens Helias propheta ait Domine Deus Abraham Isaac et Israhel hodie ostende quia tu es Deus Israhel et ego servus tuus et iuxta praeceptum tuum feci omnia verba haec

18.36 exaudi me Domine exaudi me ut discat populus iste quia tu es Dominus Deus et tu convertisti cor eorum iterum

18.37 cecidit autem ignis Domini et voravit holocaustum et ligna et lapides pulverem quoque et aquam quae erat in aquaeductu lambens

18.38 quod cum vidisset omnis populus cecidit in faciem suam et ait Dominus ipse est Deus Dominus ipse est Deus

Chapter Five Vocabulary

1. - - abiit - *to go from, go away, go off, go forth, go, depart*
2. - - ergo - *in consequence of, on account of, because of*
3. - - occursum - *to run up, run to meet, go to meet, meet*
4. - - conturbas - *to confuse, disturb, derange, disorder, confound*
5. - - domus - *a house, dwelling-house, building, mansion, palace*
6. - - mandata - *a charge, commission, injunction, command, order*
7. - - congrega - *to collect in a flock, swarm*
8. - - universum - *all together, all in one, whole, entire, collective*
9. - - monte - *a mountain, mount, range of mountains*
10. - - prophetas - *a foreteller*
11. - - mensa - *a table*
12. - - filios - *son*
13. - - populum - *a people, nation*
14. - - partes - *a part, piece, portion, share, division, section*
15. - - respondere - *respond*
16. - - rursus - *again*
17. - - remansi - *to stay behind, be left, remain*
18. - - solus - *alone, only, single, sole*
19. - - boves - *an ox, bull, cow*
20. - - eligant - *to pluck out, root out*
21. - - ponant - *to put down, set down, put, place, set, fix, lay*
22. - - ligna - *gathered wood, firewood*
23. - - ignem - *fire*
24. - - invocate - *uncalled, without a summons*
25. - - nomina - *to call by name, name, give a name to*
26. - - invocabo - *to call upon, invoke, appeal to*

27. - - propositio - *a presentation, representation, conception*

28. - - eligite - *to pluck out, root out*

29. - - meridiem - *mid-day, noon*

30. - - clamate - *to call, cry out, shout aloud, complain aloud*

31. - - forsitan - *perhaps, peradventure, it may be that*

32. - - itinere - *a going, walk, way*

33. - - certe - *determined, resolved, fixed, settled, purposed, certain*

34. - - excitetur - *to call out, summon forth, bring out, wake, rouse*

35. - - ritum - *a form of religious observance, religious usage*

36. - - cultris - *a knife, butcher's knife*

37. - - lanceolis - *a small lance*

38. - - perfunderentur - *to pour over, wet, moisten, bedew, besprinkle*

39. - - sanguine - *blood*

40. - - transiit - *to go over, go across, cross over, pass over, pass by*

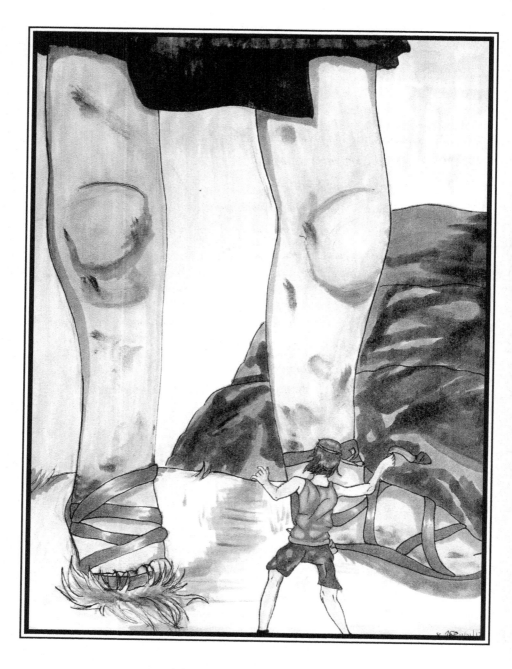

Illustration by Zoe Martin

David and Goliath

I Samuel 17

17.1 congregantes vero Philisthim agmina sua in proelium convenerunt
in Soccho Iudae et castrametati sunt inter Soccho et Azeca in finibus
Dommim

17.2 porro Saul et viri Israhel congregati venerunt in valle Terebinthi et
direxerunt aciem ad pugnandum contra Philisthim

17.3 et Philisthim stabant super montem ex hac parte et Israhel stabat
super montem ex altera parte vallisque erat inter eos

17.4 et egressus est vir spurius de castris Philisthinorum nomine Goliath
de Geth altitudinis sex cubitorum et palmo

17.5 et cassis aerea super caput eius et lorica hamata induebatur porro
pondus loricae eius quinque milia siclorum aeris

17.6 et ocreas aereas habebat in cruribus et clypeus aereus tegebat
umeros eius

17.7 hastile autem hastae eius erat quasi liciatorium texentium ipsum
autem
ferrum hastae eius sescentos siclos habebat ferri et armiger eius
antecedebat eum

17.8 stansque clamabat adversum falangas Israhel et dicebat eis quare
venitis parati ad proelium numquid ego non sum Philistheus et vos servi
Saul eligite ex vobis virum et descendat ad singulare certamen

17.9 si quiverit pugnare mecum et percusserit me erimus vobis servi si autem ego praevaluero et percussero eum vos servi eritis et servietis nobis

17.10 et aiebat Philistheus ego exprobravi agminibus Israhelis hodie date mihi virum et ineat mecum singulare certamen

17.11 audiens autem Saul et omnes viri israhelitae sermones Philisthei huiuscemodi stupebant et metuebant nimis

17.12 David autem erat filius viri ephrathei de quo supra dictum est de Bethleem Iuda cui erat nomen Isai qui habebat octo filios et erat vir in diebus Saul senex et grandevus inter viros

17.13 abierunt autem tres filii eius maiores post Saul in proelium et nomina trium filiorum eius qui perrexerant ad bellum Heliab primogenitus et secundus Abinadab tertiusque Samma

17.14 David autem erat minimus tribus ergo maioribus secutis Saulem

17.15 abiit David et reversus est a Saul ut pasceret gregem patris sui in Bethleem

17.16 procedebat vero Philistheus mane et vespere et stabat quadraginta diebus

17.17 dixit autem Isai ad David filium suum accipe fratribus tuis oephi pulentae et decem panes istos et curre in castra ad fratres tuos

17.18 et decem formellas casei has deferes ad tribunum et fratres tuos visitabis si recte agant et cum quibus ordinati sint disce

17.19 Saul autem et illi et omnes filii Israhel in valle Terebinthi pugnabant adversum Philisthim

17.20 surrexit itaque David mane et commendavit gregem custodi et onustus abiit sicut praeceperat ei Isai et venit ad locum Magala et ad exercitum qui egressus ad pugnam vociferatus erat in certamine

17.21 direxerat enim aciem Israhel sed et Philisthim ex adverso fuerant praeparati

17.22 derelinquens ergo David vasa quae adtulerat sub manu custodis ad sarcinas cucurrit ad locum certaminis et interrogabat si omnia recte agerentur erga fratres suos

17.23 cumque adhuc ille loqueretur eis apparuit vir ille spurius ascendens Goliath nomine Philistheus de Geth ex castris Philisthinorum et loquente eo haec eadem verba audivit David

17.24 omnes autem Israhelitae cum vidissent virum fugerunt a facie eius timentes eum valde

17.25 et dixit unus quispiam de Israhel num vidisti virum hunc qui ascendit ad exprobrandum enim Israheli ascendit virum ergo qui percusserit eum ditabit rex divitiis magnis et filiam suam dabit ei et domum patris eius faciet absque tributo in Israhel

17.26 et ait David ad viros qui stabant secum dicens quid dabitur viro qui percusserit Philistheum hunc et tulerit obprobrium de Israhel quis est enim hic Philistheus incircumcisus qui exprobravit acies Dei viventis

17.27 referebat autem ei populus eundem sermonem dicens haec dabuntur viro qui percusserit eum

17.28 quod cum audisset Heliab frater eius maior loquente eo cum aliis iratus est contra David et ait quare venisti et quare dereliquisti pauculas oves illas in deserto ego novi superbiam tuam et nequitiam cordis tui quia ut videres proelium descendisti

17.29 et dixit David quid feci numquid non verbum est

17.30 et declinavit paululum ab eo ad alium dixitque eundem sermonem et respondit ei populus verbum sicut et prius

17.31 audita sunt autem verba quae locutus est David et adnuntiata in conspectu Saul

17.32 ad quem cum fuisset adductus locutus est ei non concidat cor cuiusquam in eo ego servus tuus vadam et pugnabo adversus Philistheum

17.33 et ait Saul ad David non vales resistere Philistheo isti nec pugnare adversum eum quia puer es hic autem vir bellator ab adulescentia sua

17.34 dixitque David ad Saul pascebat servus tuus patris sui gregem et veniebat leo vel ursus tollebatque arietem de medio gregis

17.35 et sequebar eos et percutiebam eruebamque de ore eorum et illi consurgebant adversum me et adprehendebam mentum eorum et suffocabam interficiebamque eos

17.36 nam et leonem et ursum interfeci ego servus tuus erit igitur et Philistheus hic incircumcisus quasi unus ex eis quia ausus est maledicere exercitum Dei viventis

17.37 et ait David Dominus qui eruit me de manu leonis et de manu ursi ipse liberabit me de manu Philisthei huius dixit autem Saul ad David vade et Dominus tecum sit

17.38 et induit Saul David vestimentis suis et inposuit galeam aeream super caput eius et vestivit eum lorica

17.39 accinctus ergo David gladio eius super veste sua coepit temptare si armatus posset incedere non enim habebat consuetudinem dixitque David ad Saul non possum sic incedere quia nec usum habeo et deposuit ea

17.40 et tulit baculum suum quem semper habebat in manibus et elegit sibi quinque limpidissimos lapides de torrente et misit eos in peram pastoralem quam habebat secum et fundam manu tulit et processit adversum Philistheum

17.41 ibat autem Philistheus incedens et adpropinquans adversum David et armiger eius ante eum

17.42 cumque inspexisset Philistheus et vidisset David despexit eum erat enim adulescens rufus et pulcher aspect

17.43 et dixit Philistheus ad David numquid ego canis sum quod tu venis ad me cum baculo et maledixit Philistheus David in diis suis

17.44 dixitque ad David veni ad me et dabo carnes tuas volatilibus caeli et bestiis terrae

17.45 dixit autem David ad Philistheum tu venis ad me cum gladio et hasta et clypeo ego autem venio ad te in nomine Domini exercituum Dei agminum Israhel quibus exprobrasti

17.46 hodie et dabit te Dominus in manu mea et percutiam te et auferam caput tuum a te et dabo cadaver castrorum Philisthim hodie volatilibus caeli et bestiis terrae ut sciat omnis terra quia est Deus in Israhel

17.47 et noverit universa ecclesia haec quia non in gladio nec in hasta salvat Dominus ipsius est enim bellum et tradet vos in manus nostras

17.48 cum ergo surrexisset Philistheus et veniret et adpropinquaret contra David festinavit David et cucurrit ad pugnam ex adverso Philisthei

17.49 et misit manum suam in peram tulitque unum lapidem et funda iecit et percussit Philistheum in fronte et infixus est lapis in fronte eius et cecidit in faciem suam super terram

17.50 praevaluitque David adversus Philistheum in funda et in lapide percussumque Philistheum interfecit cumque gladium non haberet in manu David

17.51 cucurrit et stetit super Philistheum et tulit gladium eius et eduxit de vagina sua et interfecit eum praeciditque caput eius videntes autem Philisthim quod mortuus esset fortissimus eorum fugerunt

17.52 et consurgentes viri Israhel et Iuda vociferati sunt et persecuti Philistheos usque dum venirent in vallem et usque ad portas Accaron cecideruntque vulnerati de Philisthim in via Sarim usque ad Geth et usque Accaron

17.53 et revertentes filii Israhel postquam persecuti fuerant Philistheos invaserunt castra eorum

17.54 adsumens autem David caput Philisthei adtulit illud in Hierusalem arma vero eius posuit in tabernaculo suo

17.55 eo autem tempore quo viderat Saul David egredientem contra Philistheum ait ad Abner principem militiae de qua stirpe descendit hic adulescens Abner dixitque Abner vivit anima tua rex si novi

17.56 et ait rex interroga tu cuius filius sit iste puer

17.57 cumque regressus esset David percusso Philistheo tulit eum Abner et introduxit coram Saul caput Philisthei habentem in manu

17.58 et ait ad eum Saul de qua progenie es o adulescens dixitque David filius servi tui Isai Bethleemitae ego sum

Chapter Six Vocabulary

1. - - porro - *forward, onward, farther on, to a distance, at a distance*

2. - - direxerunt - *to distribute, scatter*

3. - - aciem - *a sharp edge, point, cutting part*

4. - - pugnandum - *to fight, combat, give battle, engage, contend*

5. - - egressus - *to go out, come forth, march out, go away*

6. - - castris - *a military camp, emcampment*

7. - - cubitorum - *a lying down*

8. - - palmo - *the palm*

9. - - cassis - *to be one's guard, take care, take heed, beware*

10. - - hamata - *furnished with a hook, hooked*

11. - - induebatur - *to put on, assume, dress in*

12. - - cruribus - *the leg, shank, shin*

13. - - clypeus - *a round shield of metal*

14. - - tegebat - *to cover, cover over*

15. - - hastile - *a spear-shaft, javelin-shaft*

16. - - hastae - *a staff, rod, pole*

17. - - liciatorium - *a weaver's beam*

18. - - texentium - *to weave*

19. - - ferrum - *iron*

20. - - armiger - *one who bears arms*

21. - - antecedebat - *to go before, get the start, precede*

22. - - parati - *to make ready, prepare, furnish, provide, arrange, order*

23. - - proelium - *a battle, combat*

24. - - certamen - *a decisive contest, measuring of forces, struggle, strife, dispute*

25. - - pugnare - *to fight, combat, give battle, engage, contend*

26. - - percusserit - *to strike through and through, thrust through*

27. - - procedebat - *to go before, go forward, advance, proceed*

28. - - visitabis - *to go to see, visit*

29. - - ordinati - *to order, set in order, arrange, adjust, dispose, regulate*

30. - - disce - *to learn, learn to know, acquire, become acquainted with*

31. - - divitiis - *riches, wealth*

32. - - tributo - *to assign, impart, allot, bestow, confer, yield, give*

33. - - pauculas - *very few, very little*

34. - - bellator - *a warrior, soldier, fighting man*

35. - - ore - *the mouth*

36. - - temptare - *to feel the pulse*

37. - - deposuit - *to lay away, put aside, set down, lay, place, deposit*

38. - - inspexisset - *to look into, look upon, inspect, consider*

39. - - despexit - *to look down upon*

40. - - exercituum - *a disciplined body of men, army*

Illustration by Molly Bruner

Psalms 23

23.1 canticum David Dominus pascit me nihil mihi deerit

23.2 in pascuis herbarum adclinavit me super aquas refectionis enutrivit me

23.3 animam meam refecit duxit me per semitas iustitiae propter nomen suum

23.4 sed et si ambulavero in valle mortis non timebo malum quoniam tu mecum es virga tua et baculus tuus ipsa consolabuntur me

23.5 pones coram me mensam ex adverso hostium meorum inpinguasti oleo caput meum calix meus inebrians

23.6 sed et benignitas et misericordia subsequetur me omnibus diebus vitae meae et habitabo in domo Domini in longitudine dierum

Chapter Seven Vocabulary

1. - - canticum - *a song, chant, singing, incantation*

2. - - nihil - *nothing*

3. - - reget - *to keep straight, lead aright, guide, conduct, direct*

4. - - adclinavit - *to lean or rest on or against*

5. - - refectionis - *will scarcely be strong enough to recover*

6. - - enutrivit - *nurture, rear, promote*

7. - - refecit - *to make over, make anew, remake, rebuild, reconstruct*

8. - - convertit - *to turn round, cause to turn, turn back, reverse*

9. - - deduxit - *to lead away, draw out, turn aside, divert, bring out*

10. - - propter - *near, hard by, at hand*

11. - - ambulavero - *to walk, walk about, take a walk*

12. - - mala - *the cheek-bone, jaw*

13. - - consolabuntur - *to cheer, comfort, console*

14. - - conspectus - *a seeing, look, sight, view, range of sight*

15. - - tribulant - *to press*

16. - - coram - *in the presence of, before*

17. - - hostium - *an enemy of the state, a stranger*

18. - - oleo - *oil, olive-oil*

19. - - calyx - *a cup, goblet, drinking vessel*

20. - - longitudinem - *length*

21. - - praeclarus - *very bright, brilliant*

22. - - quoniam - *since now, since then, since, seeing that, as, because, whereas*

23. - - impios - *of persons, irreverent, ungodly, undutiful, unpatriotic, impious, abandoned, wicked*

24. - - dolus - *a device, artifice, contrivance*

25. - - reputatis - *to count over, reckon, calculate, compute*

26. - - rogavit - *to ask, question, interrogate*

27. - - fortium - *chance, hap, luck, hazard, accident*

28. - - acer - *sharp*

29. - - acerbus - *harsh*

30. - - adiuvo - *to help*

31. - - admitto - *to admit, receive*

32. - - adulescentia - *youth*

33. - - ager - *field*

34. - - agricola - *farmer*

35. - - alter - *the other, second*

36. - - amica - *female friend*

37. - - amicus - *male friend*

38. - - amicitia - *friendship*

39. - - amitto - *to lose*

40. - - amo - *to love*

Illustration by Dana Taylor

Isaiah 53

53.1 quis credidit auditui nostro et brachium Domini cui revelatum est

53.2 et ascendet sicut virgultum coram eo et sicut radix de terra sitienti non est species ei neque decor et vidimus eum et non erat aspectus et desideravimus eum

53.3 despectum et novissimum virorum virum dolorum et scientem infirmitatem et quasi absconditus vultus eius et despectus unde nec reputavimus eum

53.4 vere languores nostros ipse tulit et dolores nostros ipse portavit et nos putavimus eum quasi leprosum et percussum a Deo et humiliatum

53.5 ipse autem vulneratus est propter iniquitates nostras adtritus est propter scelera nostra disciplina pacis nostrae super eum et livore eius sanati sumus

53.6 omnes nos quasi oves erravimus unusquisque in viam suam declinavit et Dominus posuit in eo iniquitatem omnium nostrum

53.7 oblatus est quia ipse voluit et non aperuit os suum sicut ovis ad occisionem ducetur et quasi agnus coram tondente obmutescet et non aperiet os suum

53.8 de angustia et de iudicio sublatus est generationem eius quis enarrabit quia abscisus est de terra viventium propter scelus populi mei percussit eum

53.9 et dabit impios pro sepultura et divitem pro morte sua eo quod iniquitatem non fecerit neque dolus fuerit in ore eius

53.10 et Dominus voluit conterere eum in infirmitate si posuerit pro peccato animam suam videbit semen longevum et voluntas Domini in manu eius dirigetur

53.11 pro eo quod laboravit anima eius videbit et saturabitur in scientia sua iustificabit ipse iustus servus meus multos et iniquitates eorum ipse portabit

53.12 ideo dispertiam ei plurimos et fortium dividet spolia pro eo quod tradidit in morte animam suam et cum sceleratis reputatus est et ipse peccatum multorum tulit et pro transgressoribus rogavit

Chapter Eight Vocabulary

1. - - credidit - *to give as a loan, lend, make a loan*
2. - - brachium - *the forearm, lower arm*
3. - - revelatum - *to unveil, uncover, lay bare*
4. - - virgultum - *a bush*
5. - - radix - *a root*
6. - - sitienti - *to thirst, be thirsty*
7. - - décor - *comeliness, elegance, grace, beauty, charm, ornament*
8. - - desideravimus - *to long for, ask, demand, call for, wish for*
9. - - novissimum - *new, not old, young, fresh, recent*
10. - - dolorum - *pain, smart, ache, suffering, anguish*
11. - - infirmitatem - *want of strength, weakness, feableness*
12. - - vultus - *kindly*
13. - - despectus - *to look down upon*
14. - - reputavimus - *to count over, reckon, calculate, compute*
15. - - vere - *true, real, actual, genuine*
16. - - languores - *faintness, feebleness, weariness, sluggishness*
17. - - portavit - *to bear, carry, convey, take*
18. - - putavimus - *to clean, cleanse, trim, prune*
19. - - leprosum - *leprous*
20. - - humilatum - *to abase*
21. - - vulneratus - *cannot be injured*
22. - - iniquitates - *inequality, unevenness*
23. - - adtritus - *to rub, rub away, wear away, bruise, grind*
24. - - disciplina - *instruction, tuition, teaching, training, education*
25. - - pacis - *a compact, agreement, treaty, peace, treaty of peace*

26. - - livore - *a bluish color, black and blue spot, bruise*

27. - - sanati - *to make sound, heal, cure, restore to health*

28. - - erravimus - *flying about*

29. - - oblatus - *to bring before, present, offer, show, exhibit*

30. - - voluit - *to cause to revolve, roll, turn about, turn round*

31. - - aperuit - *to uncover, lay bare*

32. - - occisionem - *a massacre, slaughter, murder*

33. - - agnus - *a lamb*

34. - - tondente - *to shear, clip, crop, shave*

35. - - obmutescet - *to become dumb, lose one's speech, be silent*

36. - - angustia - *narrowness, straitness*

37. - - iudicio - *concerning*

38. - - sublatus - *to lift, take up, raise, elevate, exalt*

39. - - generationem - *a begetting*

40. - - enarrabit - *to explain fully, recount, describe, interpret*

Illustration by Lacey Balmer

Daniel in the Den of Lions

Daniel 6

6.1 placuit Dario et constituit supra regnum satrapas centum viginti ut essent in toto regno suo

6.2 et super eos principes tres ex quibus Danihel unus erat ut satrapae illis redderent rationem et rex non sustineret molestiam

6.3 igitur Danihel superabat omnes principes es satrapas quia spiritus Dei amplior erat in eo

6.4 porro rex cogitabat constituere eum super omne regnum unde principes et satrapae quaerebant occasionem ut invenirent Daniheli ex latere regni
nullamque causam et suspicionem repperire potuerunt eo quod fidelis esset et monis culpa et suspicio non inveniretur in eo

6.5 dixerunt ergo viri illi non inveniemus Daniheli huic aliquam occasionem nisi forte in lege Dei sui

6.6 tunc principes et satrapae subripuerunt regi et sic locuti sunt ei Darie rex in aeternum vive

6.7 consilium inierunt cuncti principes regni magistratus et satrapae senatores et iudices ut decretum imperatorium exeat edictum ut omnis qui petierit aliquam petitionem a quocumque deo et homine usque ad dies triginta nisi a te rex mittatur in lacum leonum

6.8 nunc itaque rex confirma sententiam et scribe decretum ut non inmutetur quod statutum est a Medis atque Persis nec praevaricari cuiquam liceat

6.9 porro rex Darius proposuit edictum et statuit

6.10 quod cum Danihel conperisset id est constitutam legem ingressus est domum suam et fenestris apertis in cenaculo suo contra Hierusalem tribus temporibus in die flectebat genua sua et adorabat confitebaturque coram Deo suo sicut et ante facere consuerat

6.11 viri igitur illi curiosius inquirentes invenerunt Danihel orantem et obsecrantem Deum suum

6.12 et accedentes locuti sunt regi super edicto rex numquid non constituisti ut omnis homo qui rogaret quemquam de diis et hominibus usque ad dies triginta nisi a te rex mitteretur in lacum leonum ad quod respondens rex ait verus sermo iuxta decretum Medorum atque Persarum quod praevaricari non licet

6.13 tunc respondentes dixerunt coram rege Danihel de filiis captivitatis Iudae non curavit de lege tua et de edicto quod constituisti sed tribus temporibus per diem orat obsecratione sua

6.14 quod verbum cum audisset rex satis contristatus est et pro Danihel posuit cor ut liberaret eum et usque ad occasum solis laborabat ut erueret illum

6.15 viri autem illi intellegentes regem dixerunt ei scito rex quia lex Medorum est atque Persarum ut omne decretum quod constituit rex non liceat inmutari

6.16 tunc rex praecepit et adduxerunt Danihelem et miserunt eum in lacum leonum dixitque rex Daniheli Deus tuus quem colis semper ipse liberabit te

6.17 adlatusque est lapis unus et positus est super os laci quem obsignavit rex anulo suo et anulo optimatum suorum ne quid fieret contra Danihel

6.18 et abiit rex in domum suam et dormivit incenatus cibique non sunt inlati coram eo insuper et somnus recessit ab eo

6.19 tunc rex primo diluculo consurgens festinus ad lacum leonum perrexit

6.20 adpropinquansque lacui Danihelem voce lacrimabili inclamavit et affatus est eum Danihel serve Dei viventis Deus tuus cui tu servis semper putasne valuit liberare te a leonibus

6.21 et Danihel regi respondens ait rex in aeternum vive

6.22 Deus meus misit angelum suum et conclusit ora leonum et non nocuerunt mihi quia coram eo iustitia inventa est in me sed et coram te rex delictum non feci

6.23 tunc rex vehementer gavisus est super eo et Danihelem praecepit educi de lacu eductusque est Danihel de lacu et nulla laesio inventa est in eo quia credidit Deo suo

6.24 iubente autem rege adducti sunt viri illi qui accusaverant Danihelem et in lacum leonum missi sunt ipsi et filii et uxores eorum et non pervenerunt usque ad pavimentum laci donec arriperent eos leones et omnia ossa eorum comminuerunt

6.25 tunc Darius rex scripsit universis populis tribubus et linguis habitantibus in universa terra pax vobis multiplicetur

6.26 a me constitutum est decretum ut in universo imperio et regno meo tremescant et paveant Deum Danihelis ipse est enim Deus vivens et aeternus in saecula et regnum eius non dissipabitur et potestas eius usque in aeternum

6.27 ipse liberator atque salvator faciens signa et mirabilia in caelo et in terra qui liberavit Danihelem de manu leonum

6.28 porro Danihel perseveravit usque ad regnum Darii regnumque Cyri Persae

Chapter Nine Vocabulary

1. - - placuit - *to please, give pleasure, be approved, be pleasing*
2. - - constituit - *to put, place, set, station*
3. - - regnum - *kingly government, royal authority, kingship, royalty*
4. - - rationem - *a reckoning, numbering, casting up, account*
5. - - sustineret - *to hold up, hold upright, uphold, bear up, keep up*
6. - - molestiam - *trouble, irksomeness, uneasiness, annoyance*
7. - - porro - *forward, onward, farther on, to a distance, at a distance*
8. - - constituere - *to put, place, set, station*
9. - - occasionem - *an opportunity, fit time, occasion, convenient*
10. - - invenirent - *to come upon, find, meet with, light upon*
11. - - fidelis - *trust, trustworthy, faithful, sincere, true*
12. - - subripuerunt - *you have stolen away from me*
13. - - consilium - *a council, body of counsellors, deliberative assembly*
14. - - decretum - *a decree, decision, ordinance, vote, resolution*
15. - - petierit - *to strive for, seek, aim at, repair to, make for, travel to*
16. - - sententiam - *a way of thinking, opinion, judgment, sentiment*
17. - - praevaricari - *to be a false advocate, collude, prevaricate*
18. - - liceat - *it is lawful, is allowed, is permitted*
19. - - conperisset - *to obtain knowledge of, find out, ascertain, learn*
20. - - constitutam - *to put, place, set, station*
21. - - ingressus - *an advancing, walking, gait*
22. - - fenestris - *an opening for light, window*
23. - - apertis - *without covering, uncovered*
24. - - cenaculo - *an upper story, upper room, garret, attic*
25. - - contra - *against*

26. - - temporibus - *a portion of time, time, period, season, interval*

27. - - flectebat - *to bend, bow, curve, turn, turn round*

28. - - genua - *knee*

29. - - adorabat - *to call upon, entreat, supplicate, implore*

30. - - consuerat - *to forbid to speak*

31. - - curiosius - *bestowing care, painstaking, careful, diligent*

32. - - inquirentes - *to seek after, search for*

33. - - obsecrantem - *to beseech, entreat, implore, supplicate, conjure*

34. - - lacum - *an opening, hollow, lake, pond, pool*

35. - - licet - *it is lawful, is allowed, is permitted*

36. - - laci - *to entice, allure*

37. - - obsignavit - *to seal, seal up, attest under seal*

38. - - incenatus - *to dine there*

39. - - inlati - *to bring in, introduce, bring to, carry in*

40. - - insuper - *above, on the top, overhead*

Illustration by Luke Slabach

John 14

14.1 non turbetur cor vestrum creditis in Deum et in me credite

14.2 in domo Patris mei mansiones multae sunt si quo minus dixissem vobis quia vado parare vobis locum

14.3 et si abiero et praeparavero vobis locum iterum venio et accipiam vos ad me ipsum ut ubi sum ego et vos sitis

14.4 et quo ego vado scitis et viam scitis

14.5 dicit ei Thomas Domine nescimus quo vadis et quomodo possumus viam scire

14.6 dicit ei Iesus ego sum via et veritas et vita nemo venit ad Patrem nisi per me

14.7 si cognovissetis me et Patrem meum utique cognovissetis et amodo cognoscitis eum et vidistis eum

14.8 dicit ei Philippus Domine ostende nobis Patrem et sufficit nobis

14.9 dicit ei Iesus tanto tempore vobiscum sum et non cognovistis me Philippe qui vidit me vidit et Patrem quomodo tu dicis ostende nobis Patrem

14.10 non credis quia ego in Patre et Pater in me est verba quae ego loquor vobis a me ipso non loquor Pater autem in me manens ipse facit opera

14.11 non creditis quia ego in Patre et Pater in me est

14.12 alioquin propter opera ipsa credite amen amen dico vobis qui credit in me opera quae ego facio et ipse faciet et maiora horum faciet quia ego ad Patrem vado

14.13 et quodcumque petieritis in nomine meo hoc faciam ut glorificetur Pater in Filio

14.14 si quid petieritis me in nomine meo hoc faciam

14.15 si diligitis me mandata mea servate

14.16 et ego rogabo Patrem et alium paracletum dabit vobis ut maneat vobiscum in aeternum

14.17 Spiritum veritatis quem mundus non potest accipere quia non videt eum nec scit eum vos autem cognoscitis eum quia apud vos manebit et in vobis erit

14.18 non relinquam vos orfanos veniam ad vos

14.19 adhuc modicum et mundus me iam non videt vos autem videtis me quia ego vivo et vos vivetis

14.20 in illo die vos cognoscetis quia ego sum in Patre meo et vos in me et ego in vobis

14.21 qui habet mandata mea et servat ea ille est qui diligit me qui autem diligit me diligetur a Patre meo et ego diligam eum et manifestabo ei me ipsum

14.22 dicit ei Iudas non ille Scariotis Domine quid factum est quia nobis manifestaturus es te ipsum et non mundo

14.23 respondit Iesus et dixit ei si quis diligit me sermonem meum servabit et Pater meus diliget eum et ad eum veniemus et mansiones apud eum faciemus

14.24 qui non diligit me sermones meos non servat et sermonem quem audistis non est meus sed eius qui misit me Patris

14.25 haec locutus sum vobis apud vos manens

14.26 paracletus autem Spiritus Sanctus quem mittet Pater in nomine meo
ille vos docebit omnia et suggeret vobis omnia quaecumque dixero vobis

14.27 pacem relinquo vobis pacem meam do vobis non quomodo mundus dat ego do vobis non turbetur cor vestrum neque formidet

14.28 audistis quia ego dixi vobis vado et venio ad vos si diligeretis me gauderetis utique quia vado ad Patrem quia Pater maior me est

14.29 et nunc dixi vobis priusquam fiat ut cum factum fuerit credatis

14.30 iam non multa loquar vobiscum venit enim princeps mundi huius et in me non habet quicquam

14.31 sed ut cognoscat mundus quia diligo Patrem et sicut mandatum dedit mihi Pater sic facio surgite eamus hinc

Chapter Ten Vocabulary

1. - - turbetur - *to make an uproar, move confusedly, be in disorder*

2. - - cor - *the heart*

3. - - mansiones - *a staying, remaining, stay, continuance*

4. - - parare - *to make ready, prepare, furnish, provide, arrange, order*

5. - - abiero - *to go from, go away, go off, go forth, go, depart*

6. - - iterum - *again, a second time, once more, anew*

7. - - nescimus - *not to know, to be ignorant*

8. - - vadis - *a bail*

9. - - scire - *to know, understand, perceive, have knowledge of*

10. - - nemo - *no man, no one, nobody*

11. - - nisi - *if not, unless*

12. - - cognovissetis - *to become acquainted with, acquire knowledge*

13. - - tanto - *of such size, of such a measure, so great, such*

14. - - ostende - *to stretch out, spread before, expose to view, show*

15. - - manens - *to stay, remain, abide, tarry*

16. - - alioquin - *in another way, in other respects, for the rest*

17. - - petieritis - *to strive for, seek, aim at, repair to, make for*

18. - - glorificetur - *to glorify*

19. - - diligitis - *to single out, value, esteem, prize, love*

20. - - paracletum - *an advocate*

21. - - manebit - *to stay, remain, abide, tarry*

22. - - modicum - *in proper measure, moderate, modest, temperate*

23. - - mundus - *too elegant dress*

24. - - manifestabo - *to discover, disclose, betray*

25. - - mittet - *to cause to go, let go, send, send off, despatch*

26. - - suggeret - *to bring under, lay beneath, apply below*

27. - - formidet - *hydrophobia*

28. - - gauderetis - *to rejoice, be glad, be joyful, take pleasure*

29. - - priusquam - *former, previous, prior, first*

30. - - quicquam - *any, any one*

31. - - surgite - *to rise, arise, get up, stand up*

32. - - recessit - *to go back, fall back, give ground, retire, withdraw*

33. - - diluculo - *daybreak, dawn*

34. - - consurgens - *to rise, stand up, arise, start up, rise in a body*

35. - - festinus - *hasty, hastening, in haste, quick, speedy*

36. - - perrexit - *to go on, proceed, press on, hasten, continue*

37. - - afflatus - *a speaking to*

38. - - putasne - *pure, bright, splendid*

39. - - valuit - *to be strong, be vigorous, have strength, be able*

40. - - angelum - *a messenger*

Illustration by Emerald Smucker

Paul's Conversion
Acts 9.1-17

19.1 Saulus autem adhuc inspirans minarum et caedis in discipulos Domini accessit ad principem sacerdotum

19.2 et petiit ab eo epistulas in Damascum ad synagogas ut si quos invenisset huius viae viros ac mulieres vinctos perduceret in Hierusalem

19.3 et cum iter faceret contigit ut adpropinquaret Damasco et subito circumfulsit eum lux de caelo

19.4 et cadens in terram audivit vocem dicentem sibi Saule Saule quid me persequeris

19.5 qui dixit quis es Domine et ille ego sum Iesus quem tu persequeris

19.6 sed surge et ingredere civitatem et dicetur tibi quid te oporteat facere viri autem illi qui comitabantur cum eo stabant stupefacti audientes quidem vocem neminem autem videntes

19.7 surrexit autem Saulus de terra apertisque oculis nihil videbat ad manus autem illum trahentes introduxerunt Damascum

19.8 et erat tribus diebus non videns et non manducavit neque bibit

19.9 erat autem quidam discipulus Damasci nomine Ananias et dixit ad illum in visu Dominus Anania at ille ait ecce ego Domine

19.10 et Dominus ad illum surgens vade in vicum qui vocatur Rectus et quaere in domo Iudae Saulum nomine Tarsensem ecce enim orat

19.11 et vidit virum Ananiam nomine introeuntem et inponentem sibi manus ut visum recipiat

19.12 respondit autem Ananias Domine audivi a multis de viro hoc quanta mala sanctis tuis fecerit in Hierusalem

19.13 et hic habet potestatem a principibus sacerdotum alligandi omnes qui invocant nomen tuum

19.14 dixit autem ad eum Dominus vade quoniam vas electionis est mihi iste ut portet nomen meum coram gentibus et regibus et filiis Israhel

19.15 ego enim ostendam illi quanta oporteat eum pro nomine meo pati et abiit Ananias et introivit in domum et inponens ei manus dixit Saule frater Dominus misit me Iesus qui apparuit tibi in via qua veniebas ut videas et implearis Spiritu Sancto

19.16 et confestim ceciderunt ab oculis eius tamquam squamae et visum recepit et surgens baptizatus est

19.17 et cum accepisset cibum confortatus est fuit autem cum discipulis qui erant Damasci per dies aliquot

Chapter Eleven Vocabulary

1. - - inspirans - *to blow upon, breathe into, inspire*

2. - - minarum - *silver mina*

3. - - caedis - *to cut, hew, cut down, fell, cut off, cut to pieces*

4. - - accessit - *to go to, come to, come near, draw near, approach*

5. - - sacerdotum - *a priest, priestess*

6. - - mulieres - *a woman, female*

7. - - vinctos - *to bind, bind about, fetter, tie, fasten, surround*

8. - - perduceret - *to lead through, lead, bring, conduct, guide*

9. - - adpropinquaret - *to come near, approach, draw nigh*

10. - - subito - *suddenly, immediately, unexpectedly, at once, off-hand*

11. - - circumfulsit - *to flash, lighten around*

12. - - cadens - *to fall, fall down, descend*

13. - - persequeris - *to follow perseveringly, follow after, follow up*

14. - - surge - *to rise, arise, get up, stand up*

15. - - ingredere - *to advance, go forward, march, proceed*

16. - - oporteat - *it is necessary, is proper, is becoming, behooves*

17. - - comitabantur - *to accompany, attend, follow*

18. - - stupefacti - *to make stupid, strike senseless, benumb, stun*

19. - - neminem - *no man, no one, nobody*

20. - - trahentes - *to draw, drag, haul, train along, draw off, pull forth*

21. - - introduxerunt - *to lead in, bring in, introduce, conduct within*

22. - - ait - *to say yes, assent, affirm*

23. - - introeuntem - *to go in, enter*

24. - - alligandi - *curdled*

25. - - vas - *a bail*

26. - - electionis - *a choice, selection*

27. - - gentibus - *a race, clan, house*

28. - - regibus - *an arbitrary, ruler, absolute monarch, king*

29. - - pati - *to bear, support, undergo, suffer, endure*

30. - - introivit - *to go in, enter*

31. - - implearis - *to fill up, fill full, make full, fill*

32. - - confestim - *immediately, speedily, without delay, forthwith*

33. - - accepisset - *to take without effort, receive, get, accept*

34. - - confortatus - *to strengthen much*

35. - - aliquot - *some, several, a few, not many, a number*

36. - - laesio - *a hurting, injuring, personal attack*

37. - - iubente - *imposed*

38. - - pervenerut - *to come up, arrive*

39. - - pavimentum - *a level surface beaten firm, hard floor, pavement*

40. - - arriperent - *you might have taken*

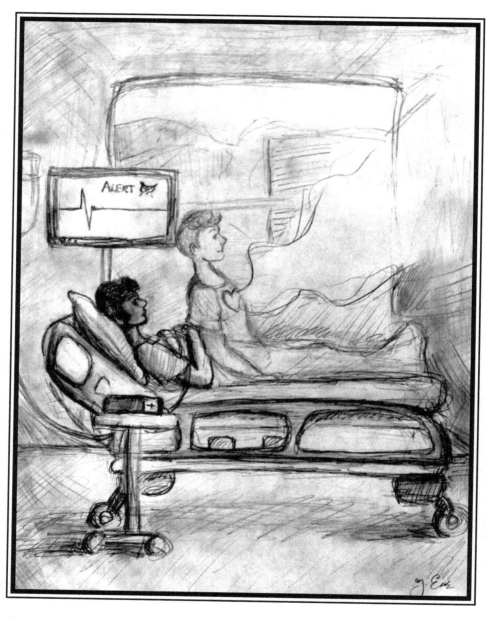

Illustration by Grace Erk

Romans 8

8.1 nihil ergo nunc damnationis est his qui sunt in Christo Iesu qui non secundum carnem ambulant

8.2 lex enim Spiritus vitae in Christo Iesu liberavit me a lege peccati et mortis

8.3 nam quod inpossibile erat legis in quo infirmabatur per carnem Deus Filium suum mittens in similitudinem carnis peccati et de peccato damnavit peccatum in carne

8.4 ut iustificatio legis impleretur in nobis qui non secundum carnem ambulamus sed secundum Spiritum

8.5 qui enim secundum carnem sunt quae carnis sunt sapiunt qui vero secundum Spiritum quae sunt Spiritus sentient

8.6 nam prudentia carnis mors prudentia autem Spiritus vita et pax

8.7 quoniam sapientia carnis inimicitia est in Deum legi enim Dei non subicitur nec enim potest

8.8 qui autem in carne sunt Deo placere non possunt

8.9 vos autem in carne non estis sed in Spiritu si tamen Spiritus Dei habitat in vobis si quis autem Spiritum Christi non habet hic non est eius

8.10 si autem Christus in vobis est corpus quidem mortuum est propter peccatum spiritus vero vita propter iustificationem

8.11 quod si Spiritus eius qui suscitavit Iesum a mortuis habitat in vobis qui suscitavit Iesum Christum a mortuis vivificabit et mortalia corpora vestra propter inhabitantem Spiritum eius in vobis

8.12 ergo fratres debitores sumus non carni ut secundum carnem vivamus

8.13 si enim secundum carnem vixeritis moriemini si autem Spiritu facta carnis mortificatis vivetis

8.14 quicumque enim Spiritu Dei aguntur hii filii sunt Dei

8.15 non enim accepistis spiritum servitutis iterum in timore sed accepistis Spiritum adoptionis filiorum in quo clamamus Abba Pater

8.16 ipse Spiritus testimonium reddit spiritui nostro quod sumus filii Dei

8.17 si autem filii et heredes heredes quidem Dei coheredes autem Christi si tamen conpatimur ut et conglorificemur

8.18 existimo enim quod non sunt condignae passiones huius temporis ad futuram gloriam quae revelabitur in nobis

8.19 nam expectatio creaturae revelationem filiorum Dei expectat

8.20 vanitati enim creatura subiecta est non volens sed propter eum qui subiecit in spem

8.21 quia et ipsa creatura liberabitur a servitute corruptionis in libertatem gloriae filiorum Dei

8.22 scimus enim quod omnis creatura ingemescit et parturit usque adhuc

8.23 non solum autem illa sed et nos ipsi primitias Spiritus habentes et ipsi intra nos gemimus adoptionem filiorum expectantes redemptionem corporis nostril

8.24 spe enim salvi facti sumus spes autem quae videtur non est spes nam quod videt quis quid sperat

8.25 si autem quod non videmus speramus per patientiam expectamus

8.26 similiter autem et Spiritus adiuvat infirmitatem nostram nam quid oremus sicut oportet nescimus sed ipse Spiritus postulat pro nobis gemitibus inenarrabilibus

8.27 qui autem scrutatur corda scit quid desideret Spiritus quia secundum Deum postulat pro sanctis

8.28 scimus autem quoniam diligentibus Deum omnia cooperantur in bonum his qui secundum propositum vocati sunt sancti

8.29 nam quos praescivit et praedestinavit conformes fieri imaginis Filii eius ut sit ipse primogenitus in multis fratribus

8.30 quos autem praedestinavit hos et vocavit et quos vocavit hos et iustificavit quos autem iustificavit illos et glorificavit

8.31 quid ergo dicemus ad haec si Deus pro nobis quis contra nos

8.32 qui etiam Filio suo non pepercit sed pro nobis omnibus tradidit illum quomodo non etiam cum illo omnia nobis donabit

8.33 quis accusabit adversus electos Dei Deus qui iustificat

8.34 quis est qui condemnet Christus Iesus qui mortuus est immo qui resurrexit qui et est ad dexteram Dei qui etiam interpellat pro nobis

8.35 quis nos separabit a caritate Christi tribulatio an angustia an persecutio an fames an nuditas an periculum an gladius

8.36 sicut scriptum est quia propter te mortificamur tota die aestimati sumus ut oves occisionis

8.37 sed in his omnibus superamus propter eum qui dilexit nos

8.38 certus sum enim quia neque mors neque vita neque angeli neque principatus neque instantia neque futura neque fortitudines

8.39 neque altitudo neque profundum neque creatura alia poterit nos separare a caritate Dei quae est in Christo Iesu Domino nostro

Chapter Twelve Vocabulary

1. - - liberavit - *to set free, free, liberate, manumit*
2. - - lege - *a formal proposition for a law, motion, bill*
3. - - inpossibile - *impossible*
4. - - infirmabatur - *to establish in*
5. - - similitudinem - *likeness, resemblance, similitude*
6. - - iustificatio - *justification*
7. - - sapient - *to taste of, smack of, savor of, have a flavor of*
8. - - sentient - *to discern by sense, feel, hear, see, perceive*
9. - - subicitur - *to throw under, place under, cast below*
10. - - suscitavit - *to lift up, raise, elevate*
11. - - vivificabit - *to make alive*
12. - - vixeritis - *to live, be alive, have life*
13. - - iterum - *again, a second time, once more, anew*
14. - - timore - *fear, dread, apprehension, timidity, alarm, anxiety*
15. - - heredes - *an heir, heiress*
16. - - quidem - *assuredly, certainly, in fact, indeed*
17. - - coheredes - *a coheir, fellow-heir, sharer in an inheritance*
18. - - conpatimur - *to bear, support, undergo, suffer, endure*
19. - - existimo - *to value, estimate, reckon*
20. - - condignae - *wholly deserving, very worthy*
21. - - passiones - *a suffering*
22. - - revelabitur - *to unveil, uncover, lay bare*
23. - - expectatio - *an awaiting, expecting, expectation, longing, desire*
24. - - vanitati - *emptiness, aimlessness, absence of purpose*
25. - - subiecta - *to cast up from its depths*

26. - - spem - *hope*

27. - - parturit - *to desire to bring forth, be in travail, labor*

28. - - primitias - *the first yield, first-fruits*

29. - - gemimus - *to sigh, groan, lament*

30. - - speramus - *to hope, look for, trust, expect, promise oneself*

31. - - patientiam - *the quality of suffering, patience, endurance*

32. - - adiuvat - *animate*

33. - - postulat - *to ask, demand, claim, require, request, desire*

34. - - gemitibus - *a sighing, sigh, groan, lamentation, complaint*

35. - - inenarrabilibus - *indescribable*

36. - - scrutatur - *to ransack, search carefully, examine thoroughly*

37. - - cooperantur - *to work with*

38. - - praescivit - *to know beforehand, foreknow*

39. - - praedestinavit - *to set before as a goal, predestine*

40. - - pepercit - *to act sparingly, be sparing, spare, refrain from*

Illustration by Kara Russo

Fruit of the Spirit

Galatians 5

5.1 state et nolite iterum iugo servitutis contineri

5.2 ecce ego Paulus dico vobis quoniam si circumcidamini Christus vobis nihil proderit

5.3 testificor autem rursum omni homini circumcidenti se quoniam debitor est universae legis faciendae

5.4 evacuati estis a Christo qui in lege iustificamini a gratia excidistis

5.5 nos enim spiritu ex fide spem iustitiae expectamus

5.6 nam in Christo Iesu neque circumcisio aliquid valet neque praeputium sed fides quae per caritatem operator

5.7 currebatis bene quis vos inpedivit veritati non oboedire

5.8 persuasio non est ex eo qui vocat vos

5.9 modicum fermentum totam massam corrumpit

5.10 ego confido in vobis in Domino quod nihil aliud sapietis qui autem conturbat vos portabit iudicium quicumque est ille

5.11 ego autem fratres si circumcisionem adhuc praedico quid adhuc persecutionem patior ergo evacuatum est scandalum cruces

5.12 utinam et abscidantur qui vos conturbant

5.13 vos enim in libertatem vocati estis fratres tantum ne libertatem in occasionem detis carnis sed per caritatem servite invicem

5.14 omnis enim lex in uno sermone impletur diliges proximum tuum sicut te ipsum

5.15 quod si invicem mordetis et comeditis videte ne ab invicem consumamini

5.16 dico autem spiritu ambulate et desiderium carnis non perficietis

5.17 caro enim concupiscit adversus spiritum spiritus autem adversus carnem haec enim invicem adversantur ut non quaecumque vultis illa faciatis

5.18 quod si spiritu ducimini non estis sub lege

5.19 manifesta autem sunt opera carnis quae sunt fornication inmunditia luxuria

5.20 idolorum servitus veneficia inimicitiae contentiones aemulationes irae rixae dissensiones sectae

5.21 invidiae homicidia ebrietates comesationes et his similia quae praedico vobis sicut praedixi quoniam qui talia agunt regnum Dei non consequentur

5.22 fructus autem Spiritus est caritas gaudium pax longanimitas bonitas benignitas

5.23 fides modestia continentia adversus huiusmodi non est lex

5.24 qui autem sunt Christi carnem crucifixerunt cum vitiis et concupiscentiis

5.25 si vivimus spiritu spiritu et ambulemus

5.26 non efficiamur inanis gloriae cupidi invicem provocantes invicem invidentes

Chapter Thirteen Vocabulary

1. - - contineri - *to hold together, bound, limit, comprise, enclose*
2. - - circumcidamini - *to cut around, cut, clip, trim*
3. - - testificor - *to make a witness, call to witness*
4. - - evacuati - *to empty out*
5. - - excidistis - *to fall out, drop down, fall away*
6. - - praeputium - *the foreskin, prepuce*
7. - - inpedivit - *to entangle, ensnare, shackle, hamper, hinder*
8. - - oboedire - *to give ear, hearken, listen*
9. - - persuasio - *a convincing, conviction*
10. - - massam - *kneaded dough*
11. - - corrumpit - *to destroy, ruin, waste*
12. - - praedico - *you tell a different story*
13. - - scandulum - *that which causes one to stumble*
14. - - crucis - *a gallows, frame, tree*
15. - - utinam - *oh that, I wish that, if only, would to heaven*
16. - - abscidantur - *to cut off, hew off*
17. - - invicem - *by turns, in turn, one after another, alternately*
18. - - mordetis - *to bite, bite into*
19. - - consumamini - *to use up, eat, devour*
20. - - perficietis - *to achieve, execute, carry out, accomplish*
21. - - immunditia - *uncleanness*
22. - - luxuria - *rankness*
23. - - idolorum - *an image*
24. - - veneficia - *a poisoning*
25. - - inimicitiae - *enmity, hostility*
26. - - aemulationes - *rivalry, emulation, competition*

27. - - irae - *anger, wrath, rage, ire, passion, indignation*

28. - - rixae - *a quarrel, brawl, dispute, contest, strife, contention*

29. - - sectae - *a beaten way, pathway, mode, manner, method*

30. - - homicidia - *manslaughter, homicide, murder*

31. - - ebrietates - *drunkenness, intoxication*

32. - - talia - *such, of such a kind, such like, the like*

33. - - longanimitas - *long-suffering, patience, forbearance*

34. - - concupiscentiis - *an eager desire, longing, concupiscence*

35. - - efficiamur - *to make out, work out, bring to pass, bring about*

36. - - ante - *before*

37. - - antiquus - *ancient, old, antique*

38. - - ars - *art*

39. - - avarus - *greedy*

40. - - beatus - *happy*

Illustration by Emma Hasting

I John 1

1.1 quod fuit ab initio quod audivimus quod vidimus oculis nostris quod perspeximus et manus nostrae temptaverunt de verbo vitae

1.2 et vita manifestata est et vidimus et testamur et adnuntiamus vobis vitam aeternam quae erat apud Patrem et apparuit nobis

1.3 quod vidimus et audivimus adnuntiamus et vobis ut et vos societatem habeatis nobiscum et societas nostra sit cum Patre et cum Filio eius Iesu Christo

1.4 et haec scribimus vobis ut gaudium nostrum sit plenum

1.5 et haec est adnuntiatio quam audivimus ab eo et adnuntiamus vobis quoniam Deus lux est et tenebrae in eo non sunt ullae

1.6 si dixerimus quoniam societatem habemus cum eo et in tenebris ambulamus mentimur et non facimus veritatem

1.7 si autem in luce ambulemus sicut et ipse est in luce societatem habemus ad invicem et sanguis Iesu Filii eius mundat nos ab omni peccato

1.8 si dixerimus quoniam peccatum non habemus ipsi nos seducimus et veritas in nobis non est

1.9 si confiteamur peccata nostra fidelis est et iustus ut remittat nobis peccata et emundet nos ab omni iniquitate

1.10 si dixerimus quoniam non peccavimus mendacem facimus eum et verbum eius non est in nobis

Chapter Fourteen Vocabulary

1. - - initio - *a going in, entrance*
2. - - verbo - *a word*
3. - - vita - *life*
4. - - perspeximus - *to look through, look into, look at, see through*
5. - - temptaverunt - *to feel the pulse*
6. - - manifestata - *to discover, disclose, betray*
7. - - adnuntiamus - *to announce, declare, report, relate, narrate*
8. - - societatem - *fellowship, association, union, community, society*
9. - - scribimus - *to scratch, grave, engrave, draw*
10. - - ullae - *any, any one*
11. - - veritatem - *truth, truthfulness, verity, reality*
12. - - mentimur - *to invent, assert falsely, lie, cheat, deceive, pretend*
13. - - mundat - *to make clean, to clean, cleanse*
14. - - seducimus - *to lead aside, take apart, draw aside, lead away*
15. - - confiteamur - *to acknowledge, confess, own, avow, concede*
16. - - remittat - *to let go back, send back, despatch back, drive back*
17. - - emundet - *to purify*
18. - - iniquitate - *inequality, unevenness*
19. - - bellum - *war*
20. - - bellus - *pretty*
21. - - bene - *well*
22. - - beneficium - *benefit*
23. - - brevis - *short*
24. - - caecus - *blind*
25. - - caelum - *sky*

26. - - caput - *head*

27. - - celer - *swift*

28. - - ceno - *to dine*

29. - - clarus - *clear, bright*

30. - - committo - *to commit*

31. - - contra - *against*

32. - - copia - *abundance*

33. - - cornu - *horn*

34. - - corpus - *body*

35. - - cras - *tomorrow*

36. - - creo - *to create*

37. - - cupiditas - *to desire*

38. - - cur - *why*

39. - - dea - *goddess*

40. - - defend - *to defend*

Illustration by Hannah Moynihan

Revelation 22

22.1 et ostendit mihi fluvium aquae vitae splendidum tamquam cristallum procedentem de sede Dei et agni

22.2 in medio plateae eius et ex utraque parte fluminis lignum vitae adferens fructus duodecim per menses singula reddentia fructum suum et folia ligni ad sanitatem gentium

22.3 et omne maledictum non erit amplius et sedes Dei et agni in illa erunt et servi eius servient illi

22.4 et videbunt faciem eius et nomen eius in frontibus eorum

22.5 et nox ultra non erit et non egebunt lumine lucernae neque lumine solis quoniam Dominus Deus inluminat illos et regnabunt in saecula saeculorum

22.6 et dixit mihi haec verba fidelissima et vera sunt et Dominus Deus spirituum prophetarum misit angelum suum ostendere servis suis quae oportet fieri cito

22.7 et ecce venio velociter beatus qui custodit verba prophetiae libri huius

22.8 et ego Iohannes qui audivi et vidi haec et postquam audissem et vidissem cecidi ut adorarem ante pedes angeli qui mihi haec ostendebat

22.9 et dicit mihi vide ne feceris conservus tuus sum et fratrum tuorum prophetarum et eorum qui servant verba libri huius Deum adora

22.10 et dicit mihi ne signaveris verba prophetiae libri huius tempus enim prope est

22.11 qui nocet noceat adhuc et qui in sordibus est sordescat adhuc et iustus iustitiam faciat adhuc et sanctus sanctificetur adhuc

22.12 ecce venio cito et merces mea mecum est reddere unicuique secundum opera sua

22.13 ego Alpha et Omega primus et novissimus principium et finis

22.14 beati qui lavant stolas suas ut sit potestas eorum in ligno vitae et portis intrent in civitatem

22.15 foris canes et venefici et inpudici et homicidae et idolis servientes et omnis qui amat et facit mendacium

22.16 ego Iesus misi angelum meum testificari vobis haec in ecclesiis ego sum radix et genus David stella splendida et matutina

22.17 et Spiritus et sponsa dicunt veni et qui audit dicat veni et qui sitit veniat qui vult accipiat aquam vitae gratis

22.18 contestor ego omni audienti verba prophetiae libri huius si quis adposuerit ad haec adponet Deus super illum plagas scriptas in libro isto

22.19 et si quis deminuerit de verbis libri prophetiae huius auferet Deus partem eius de ligno vitae et de civitate sancta et de his quae scripta sunt in libro isto

22.20 dicit qui testimonium perhibet istorum etiam venio cito amen veni Domine Iesu

22.21 gratia Domini nostri Iesu Christi cum omnibus

Chapter Fifteen Vocabulary

1. - - ostendit - *to stretch out, spread before, expose to view, show*
2. - - splendidum - *bright, shining, glittering, brilliant*
3. - - tamquam - *as much as, so as, just as, like as, as if, so to speak*
4. - - procedentem - *to go before, go forward, advance, proceed*
5. - - sedes - *a seat, bench, chair, throne*
6. - - plateae - *a broad way, street, avenue*
7. - - utraque - *a bag of hide, leathern bottle, vessel of skin, skin*
8. - - adferens - *are driven*
9. - - menses - *a month*
10. - - reddentia - *to give back, return, restore*
11. - - folia - *a leaf*
12. - - sanitatem - *soundness of body, health*
13. - - maledictum - *to speak ill of, abuse, revile, slander, asperse*
14. - - amplius - *of large extent, great, ample, spacious, roomy*
15. - - frontibus - *the forehead, brow, front*
16. - - egebunt - *to be needy, be in want, be poor, need, want, lack*
17. - - regnabunt - *to have royal power, be king, rule, reign*
18. - - oportet - *it is necessary, is proper, is becoming, behooves*
19. - - velociter - *swift, quickly, speedily*
20. - - signaveris - *to set a mark upon, mark, mark out, designate*
21. - - conservus - *a fellow slave*
22. - - nocet - *to do harm, inflict injury, hurt*
23. - - sordibus - *dirt, filth, uncleanness, squalor*
24. - - sordescat - *to become dirty, be soiled*
25. - - merces - *price, hire, pay wages, salary, fee, reward*

26. - - lavant - *to wash, bathe, lave*

27. - - stolas - *a woman's upper garment, long robe, gown, stole*

28. - - inpudici - *shameless, impudent, without modesty*

29. - - mendacium - *a lie, untruth, falsehood, fiction*

30. - - ecclesiis - *an assembly of*

31. - - matutina - *of the morning, morning, early*

32. - - sponsa - *a betrothed woman, bridge*

33. - - contestor - *to call to witness, invoke, appeal to*

34. - - adposuerit - *to put at, place by, lay beside, set near*

35. - - plagas - *a hunting net*

36. - - delecto - *to delight*

37. - - demonstro - *to demonstrate*

38. - - dexter - *right*

39. - - difficilis - *hard, difficult*

40. - - donum - *gift, present*

APPENDIX

NVMERI

1 unus
2 duo
3 tres
4 quattuor
5 quinque
6 sex
7 septem
8 octo
9 novem
10 decem
11 undecim
12 duodecim
13 tredecim

14 quattuordecim
15 quindecim
16 sedecim
17 septendecim
18 duodeviginti
19 undeviginti
20 viginiti
30 triginta
40 quadranginta
50 quinquaginta
60 sexaginta
70 septuaginta
80 octoginta

90 nonaginta
100 centum
200 ducenti
300 trecenti
400 quadringenti
500 quingenti
600 sescenti
700 septingenti
800 octingenti
900 nongenti
1000 mille
2000 duo milia
3000 tria milia

first- primus
second- secundus
third- tertius
fourth- quartus
fifth- quintus
sixth- sextus
seventh- septimus
eighth- octavus
ninth- nonus
tenth- decimus

Months

Januarius
Februarias
Martius
Aprilis
Maius
Iunius

Iulius
Augustus
Septembre
Octobre
Novembre
Decembre

Colors

albus- white
amethyst- purple
ianthinus-violet
niger-black
purpureus- purple
prasinus- green
caeruleus- blue
ravus- gray
flavus- yellow
ruber- red

Parts of Speech

There are eight parts of speech in Latin, as in English:Noun, pronoun, adjective, verb, adverb, conjunction, preposition, interjection.

1. A noun is a word used to express the name of a person, place, thing, or idea.

    Nouns have:
    > Gender: *Masculine, Feminine or Neuter*
    > Number: *Singular or Plural*
    > Case: *Nominative, Genitive, Dative, Accusative, Ablative, Vocative*

2. A pronoun is a word used in the place of a noun.
3. An adjective is a word used to describe a noun.
4. A verb is a word used to express action or state of being.
5. An adverb is a word used to describe a verb, an adjective, or another adverb.
6. A preposition introduces a phrase which consists of the preposition and its object.
7. A conjunction is a connecting word used to join words, phrases, clauses or sentences.
8. An interjection is a word showing strong feeling or emotion.

First Declension Nouns

Case Name	Use	Singular	Plural
Nominative	Subject	- a	-ae
Genitive	possession (of)	- ae	- arum
Dative	indirect object (to or for)	- ae	- is
Accusative	direct object	- am	- as
Ablative	prepositional phrases	- a	- is
Vocative	direct address	- a	- ae

Second Declension Nouns

Case Name	Use	Singular	Plural
Nominative	subject	- us	- i
Gentive	possession (of)	- i	-orum
Dative	indirect object (to or for)	- o	- is
Accusative	direct object	- um	- os
Ablative	prepositional phrases	- o	- is
Vocative	direct address	- e	- i

Third Declension Nouns

Case Name	Use	Singular	Plural
Nominative	subject	- (vary)	- es
Gentive	possession (of)	- is	- ium
Dative	indirect object	- i	- ibus
Accusative	direct object	- em	- es
Ablative	prepositional phrases	- e	- ibus
Vocative	direct address	- (vary)	- es

Fourth Declension Nouns

Case Name	Use	Singular	Plural
Nominative	subject	- us	- us
Gentive	possession (of)	- us	-uum
Dative	indirect object	- ui	- ibus
Accusative	direct object	- um	- us
Ablative	prepositional phrases	- u	- ibus
Vocative	direct address	- us	- us

Fifth Declension Nouns

Case Name	Use	Singular	Plural
Nominative	subject	- es	- es
Gentive	possession (of)	- ei	-erum
Dative	indirect object (to or for)	- ei	- ebus
Accusative	direct object	- em	- es
Ablative	prepositional phrases	- e	- ebus
Vocative	direct address	- es	- es

Three Parts of Nouns

Number- singular or plural

Gender- masculine, feminine, neuter

Case- nominative, genitive, accusative, dative, ablative, vocative

Three Parts of Verbs

Tense

Present- what is happening now

    Imperfect (past)- what has happened

    Future- what will happen

    Perfect- what has been completed or finished in the past

Voice

    Active- the subject is doing the action

    Passive- the subject is receiving the action or is in a state of being

Mood

    Indicative- making a declarative statement

    Imperative- making a command or request

    Subjunctive- something hoped or wished for

Present Tense Being Verb

1 P S- sum, I am   1 P P- sumus, we are

2 P S- es, you are   2 P P- estis, you are

3 P S- est, he is   3 P P- sunt, they are

Imperfect Tense Being Verb

1 P S- eram, I was   1 P P- eramus, we were

2 P S- eras, you were   2 P P- eratis, you were

3 P S- erat, he was   3 P P- erant, they were

Future Tense Being Verb

1 P S- ero, I shall be   1 P P- erimus, we shall be

2 P S- eris, you shall be   2 P P- eritis, you shall be

3 P S- erit, he shall be   3 P P- erunt, they shall be

First Conjugation

Present Active Indicative

1 P S- am(o) I love

2 P S- ama(s) You love

3 P S- ama(t) He loves

1 P P- ama(mus) We love

2 P P- ama (tis) You love

3 P P- ama(nt) They love

Imperfect Active Indicative

1 P S- ama(bam) I loved

2 P S- ama(bas) You loved

3 P S- ama(bat) He loved

1 P P- ama(bamus) We loved

2 P P- ama(batis) You loved

3 P P- ama(bant) They loved

Future Active Indicative

1 P S- ama(bo) I shall love

2 P S- ama(bis) You will love

3 P S- ama(bit) He will love

1 P P- ama(bimus) We shall love

2 P P- ama(bitis) You will love

3 P P- ama(bunt) They will love

Perfect Active Indicative

1 P S- ama(vi) I have loved

2 P S- ama(visti) You have loved

3 P S- ama(vit) He has loved

1 P P- ama(vimus)We have loved

2 P P- ama(vistis)You have loved

3PP-ama(verunt)They have loved

Second Conjugation

Present Active Indicative

1 P S- habeo I have

2 P S- habes You have

3 P S- habet He has

1 P P- habemus We have

2 P P- habetis You have

3 P P- habent They have

Imperfect Active Indicative

1 P S- habebam I had

2 P S- habebas You had

3 P S- habebat He had

1 P P- habebamus We had

2 P P- habebatis You had

3 P P- habebant They had

Future Active Indicative

1 P S- habebo I shall have

2 P S- habebis You will have

3 P S- habebit He will have

1 P P- habebimus We shall have

2 P P- habebitis You will have

3 P P- habebunt They will have

Perfect Active Indicative

1 P S- habui I have had

2 P S- habuisti You have had

3 P S- habuit He has had

1 P P- habuimus We have had

2 P P- habuistis You have had

3 P P- habuerunt They have had

Pronouns

Nominative ego, I
tu, you
nos, we
vos, you
Genitive mei, of me
tui, of you
nostril, of us
vestry, of you
Dative mehi, to me
tibi, to you

nobis, to us
vobis, to you
Accusative me, me
te, you
nos, us
vos, you
Ablative me, from me
te, from you
nobis, from us
vobis, from you

Possessives

meus, mea, meum - *my*
tuus, tua, tuum - *thy*
suus, sua, suum - *his, hers, its, theirs*
noster, nostra, nostrum - *our*
vester, vestra, vestrum - *your*

Declension of ille (that): singular

	Latin			English		
	Masculine	Feminine	Neuter	Masculine	Feminine	Neuter
Nom.	Ille	illa	illud	he	she	it
Gen.	illius	illius	illius	his	her, hers	its
Dat.	illi	illi	illi	to him	to her	to it
Acc.	Illum	illam	illud	him	her	it
Abl.	illo	illa	illo	him	her	it

Declension of ille (that): plural

	Latin			English
	Mas.	Fem.	Neu.	
Nom.	illi	illae	illa	they, those
Gen.	illius	illius	illius	their, theirs, of those
Dat.	illi	illi	illi	to them, to those
Acc.	illum	illam	illud	them, those
Abl.	illo	illa	illo	(by, with, from) them, those

Lord's Prayer

Pater noster, qui es in caelis, sanctificetur nomen tuum. Adveniat regnum tuum. Fiat voluntas tua, sicut in caelo et in terra. Panem nostrum cotidianum da nobis hodie. Et dimitte nobis debita nostra sicut et nos dimittimus debitoribus nostris. Et ne nos inducas in tentationem, sed libera nos a malo. Amen.

Our Father, who art in heaven, hallowed be Thy name. Thy kingdom come. Thy will be done on earth as it is in heaven. Give us this day our daily bread and forgive us our debts as we forgive our debtors. And lead us not into temptation, but deliver us from evil. Amen.

John 1:1-10

John 1:1 "In the beginning was the Word, and the Word was with God, and the Word was God."

John 1:1 "In principio erat Verbum et Verbum erat apud Deum et Deus erat Verbum."

John 1:2 "The same was in the beginning with God."

John 1:2 "Hoc erat in principio apud Deum."

John 1:3 "All things were made by him; and without him was not anything made that was made."

John 1:3 "Omnia per ipsum facta sunt et sine ipso factum est nihil quod factum est."

John 1:4 "In him was life; and the life was the light of men."

John 1:4 "In ipso vita erat et vita erat lux hominum."

John 1:5 "And the light shineth in darkness; and the darkness comprehended it not."

John 1:5 "Et lux in tenebris lucet et tenebrae eam non conprehenderunt."

John 1:6 "There was a man sent from God, whose name was John."

John 1:6 "Fuit homo missus a Deo cui nomen erat Iohannes."

John 1:7 "The same came for a witness, to bear witness of the Light, that all men through him might believe."

John 1:7 "Hic venit in testimonium ut testimonium perhiberet de lumine ut omnes crederent per illum."

John 1:8 "He was not that Light, but was sent to bear witness of that Light."

John 1:8 "Non erat ille lux sed ut testimonium perhiberet de lumine."

John 1:9 "That was the true Light, which lighteth every man that cometh in to the world."

John 1:9 "Erat lux vera quae inluminat omnem hominem venientem in mundum."

John 1:10 "He was in the world, and the world was made by him, and the world knew him not."

John 1:10 "In mundo erat et mundus per ipsum factus est et mundus eum non cognovit."

APOSTLE'S CREED

I believe in God, the Father Almighty, the Maker of heaven and earth,
Credo in Deum, Patrem omnipoténtem, Creatórem caeli et terrae.

and in Jesus Christ, His only Son, our Lord:
Et in Jesum Christum, Fílium ejus únicum, Dóminum nostrum:

Who was conceived by the Holy Ghost,
qui concéptus est de Spíritu Sancto,

born of the Virgin Mary,
natus ex María Vírgine

suffered under Pontius Pilate,
passus sub Póntio Piláto

was crucified, died, and buried
crucifíxus, mórtuus, et sepúltus

He descended into hell.
descéndit ad ínferos

The third day He arose again from the dead.
tértia die resurréxit a mórtuis

He ascended into heaven
ascéndit ad caelos

and sitteth on the right hand of God the Father Almighty,
sedet ad déxteram Dei Patris omnipoténtis

from thence He shall come to judge the quick and the dead.
inde ventúrus est judicáre vivos et mórtuos.

I believe in the Holy Ghost,
Credo in Spíritum Sanctum

the holy catholic church,
sanctam Ecclésiam cathólicam

the communion of saints,
Sanctórum communiónem

the forgiveness of sins,
remissiónem peccatórum

the resurrection of the body, and life everlasting. Amen.
carnis resurrectiónem, vitam ætérnam. Amen.

Illustrations completed by Dayspring Christian Academy Art students.

Title Page:	Grace Erk
Chapter One:	Sarah Fornwalt
Chapter Two:	Whitney Lohr
Chapter Three:	Esther Prestidge
Chapter Four:	Anika Stoltzfus
Chapter Five:	Savannah Smucker
Chapter Six:	Zoe Martin
Chapter Seven:	Molly Bruner
Chapter Eight:	Dana Taylor
Chapter Nine:	Lacey Balmer
Chapter Ten:	Luke Slabach
Chapter Eleven:	Emerald Smucker
Chapter Twelve:	Grace Erk
Chapter Thirteen:	Kara Russo
Chapter Fourteen:	Emma Hasting
Chapter Fifteen:	Hannah Moynihan
Back Cover Illustration:	Hannah Moynihan

About the Editor:

Randy Hilton is the husband of Michelle Hilton and they have three children: Tanner, Kristopher and Emily. Randy teaches at Dayspring Christian Academy in Mountville, Pennsylvania. In addition to teaching, he enjoys preaching, writing and spending time with the family. He enjoys traveling and shares an interest in both the mountains and the seashore.

Made in the USA
Monee, IL
14 December 2019